Auf den Flügeln meiner Seele

Die Deutsche Bibliothek – CIP-Einheitsaufnahme

Uhlig, Edda:
Auf den Flügeln meiner Seele :
eine Entdeckungsreise in alten Gärten /
Edda Uhlig ; Martin Waas. –
Gütersloh : Kiefel, 1998
ISBN 3-579-05609-3

ISBN 3-579-05609-3

Umschlaggestaltung: Init, Bielefeld
Reproduktion: Peter Karau, Bochum
Satz: Fotosetzerei Steggemann, Herford
Druck und Bindung: Westermann Druck, Zwickau
Printed in Germany

Edda Uhlig • Martin Waas

Auf den Flügeln meiner Seele

Eine Entdeckungsreise in alten Gärten

kiefel

Meine Seele erhebt ihre Flügel

zu einer
weiten Reise.

Sie will
entdecken,
sucht
nach Schönheit.

Es zieht sie
dorthin,
wo Natur
und Kultur,
Gottes
Schöpfung
und
menschliche
Schöpfungen
sich
zusammen-
fügen
zu einer
großartigen
Komposition.

In alten Gärten,
entrückt aus
Raum und Zeit,

wie in eine
andere Welt
versetzt,

mich einlassen
auf das,
was hier ist.

Mit offenen Augen,
weit geöffneter Seele

mich umschauen,
wahrnehmen,
alles auf mich
wirken lassen …

Abstand gewinnen
vom Alltag,
aufatmen,
ruhig werden,
zu mir selbst
kommen.

Und
Zwiesprache halten
mit dem,
was mir hier
begegnet.

Mich
mitnehmen lassen
von dem,
was kommt:
Gedanken …
Erinnerungen …
Gefühle …
Phantasien …
Träume …
Wünsche …

. . . wohin eben
meine Seele
sich tragen läßt,

wenn sie
ausfliegt
und träumt

auf ihrer
Entdeckungsreise
in alten Gärten …

~ Den erwachenden Frühling begrüßen

Zart und locker
entfaltet er
seine Fülle
rosig jung
vor dem Blau
des Himmels,

vertreibt,
überholt
gewaltlos
letzte Reste
des Winters.

Die Luft
singt ihr
Frühlingslied.

Apoll

Mit weichen,
wallenden Locken
steht er da,
den Lorbeerkranz
im Haar,
die Lyra
mit zarten Fingern
zupfend,
ein lichter,
lyrischer Jüngling.

Ach,
könnte auch ich
– so licht
und so leicht
wie er –
mitsingen,
mitspielen
das
Frühlingslied
der Erde!

~ Licht und Farben

Weiche Stimmung.
Zusammenspiel
von
Hell und Dunkel,
Licht und Schatten.
Warme Farben.

Alte Villa.
Längst
vergangen
der Hochglanz
von ehedem.
Aber trotzdem
noch Glanz
alter Zeiten.

Hier habe ich
nie gewohnt.
Und doch
ist dieser Ort
meiner Seele
vertraut,
als erinnere sie sich
an etwas . . .

Erinnerungen

Ich finde sie
auf meinem Weg.

Ich gehe ihnen nach,
träume in
Vergangenes hinein,
das nie wiederkehrt,
aber zu mir
gehört.
Bleibender Besitz.

Eine Blume
in der Nähe
meines Herzens.

Eine Bank braucht der Mensch

im Garten,
am Waldesrand
oder mitten
in der Stadt.

Eine Bank
zum Ausruhen,
wenn ich
müde werde,

wenn ich spüre,
daß ich
Grenzen habe,
meine Kraft
nicht endlos ist.

Eine Bank
zum Schauen,
zum Genießen,
Beobachten,
Nachdenken.

Eine Bank

mit Platz
auch für zwei
oder drei.
Nicht mehr.

Eine Bank,
die Spiel-Raum
läßt für
Distanz
und Nähe,
Tuchfühlung,
Körperkontakt.

Fließender
Übergang.

Eine Bank,
auf der auch
zwei Fremde,
jeder
an seinem Ende
sitzend,
sich
kennenlernen
können,

anfangen,
vorsichtig
miteinander zu reden:

… wie schön
der Abend ist …
… woher
sie kommen …
… wohin
sie gehen …

Eine Bank
ist mehr
als ein Stuhl.

In Parks
gibt es meist
viele Bänke,
nur selten
Stühle.

Amor

Sonst meist
ein kleiner Knabe
mit einem Köcher
voller Pfeile.

Hier aber
ein erwachsener
Jüngling
mit zarten
Schmetterlingsflügeln.
Durch seine
Schönheit
zur Liebe
ladend.

Amor

Aus
unerschöpflichem
Krug läßt er
zarteste Ranken
wachsen,
die sich nähern,
sich vereinen.

Ranken der Liebe,
dem Himmel nah.

Amor, der auch
Tränen
verursacht
über
unerfüllte Sehnsucht,
über
Auseinandergehen
und sich
nie Wiederfinden.

Amor,
Lichtgestalt
mit dunklem
Hintergrund.

Von Schönheit

sich
mitnehmen lassen
in's Träumen,
Phantasieren,
Wünschen,
in Erinnerungen …

sich
entrückt fühlen
in einen
Paradiesgarten,
wo alles
vollendet ist,
alles gut, schön,
harmonisch,
voll edler Anmut.
Auch das
Tierreich.

Nichts stört
den Frieden.

Figuren im Park

sind nicht prüde.

Sie wollen nicht,
daß man
wegschaut,

sondern daß man
stehenbleibt
und sie in Ruhe
und mit Freude
anschaut,
ihre Schönheit
bewundert.

Auch Gott
ging
durch den Garten
und sah alles an,
was er
gemacht hatte,
und siehe,
es war sehr gut.

Urwüchsige Kraft

Üppige Vegetation
im Dunkel,
wie Urwald.

Auch der
Urwald in mir,
meine spontane,
wilde Kraft,

meist verborgen
im Dunkel
von Phantasie
und Träumen,
zugedeckt
durch das
Geregelte,
Kontrollierte
in mir ...

Auch der
Urwald in mir
an der
rechten Stelle
eine helle Freude.

Gebändigte Kraft

Männlichkeit.
Edle Männer-Schönheit.

Meine Willenskraft
voll einsetzen.
Herausholen aus mir,
was in mir steckt.

Mich freuen
an meiner Stärke
– an meinen Stärken.
Stolz sein auf das,
was mir gelungen ist.

Auch das Können
anderer bewundern:
»So wäre
auch ich gern …«
»So war
auch ich einmal …«

Und Wehmut:
»So war ich nie …«
»Das werde ich
nie können …«

Kinder

Seltsam,
Kinderspielplätze
passen nicht
in alte Gärten.

Aber Kinder
»bevölkern« sie
in großer Zahl.
In Stein gehauen
tanzen sie, spielen sie,
tollen miteinander,
lachen, musizieren …

Oder sie stehen da
pausbackig,
dickbäuchig,
mit prallen Armen
und Waden,
patschhändig
und -füßig.
Erfreuen das Herz.

Es erinnert sich:
»So ihr nicht werdet
wie die Kinder …«

Leichtigkeit

Noch einmal
das Leben
leichtnehmen können,
sich schaukeln lassen
wie die farbenfrohen
Blatt-Fäden im Wind …

Lust,
im Garten zu sein,
Lust,
zu verweilen,
Lust,
zu summen
wie die Bienen,

Sommer-Freude,
Sommer-Freuden,
Sommer-Glück,

Ferien,
frei sein,
aus-fliegen …
leicht,
auf den Flügeln
meiner Seele.

~ Venus

Inbegriff von
Weiblichkeit.

Weiche Formen,
anmutig
lockend.

Venus,
mal schamhaft
zum Bade eilend,

mal
im Bewußtsein
ihrer
Anziehungskraft
ungeniert
sich zeigend.

Es genießen,
daß ich
geliebt werde …
immer noch …
wieder neu …
Staunen.

Teich im Halbdunkel

Wasser –
belebender
Ur-Quell.

Am Wasser
wächst alles
üppig.

Wasser macht
Land
fruchtbar.

Wasser –
oft ein
Jungbrunnen.

Venus
geht gern
baden.

Hitze

Die Welt
hat Durst.

Im Garten
hat die Erde
Durst.

Der Mensch
stillt ihn,
gibt ihr,
was sie
braucht:
Wasser,
Schatten.

Rasensprenger-Spiele

Zuschauen,
wie sie sich
rhythmisch drehen.

In jedem Moment
ein anderes
Zusammenspiel:

sich begegnen,
sich berühren,
sich überschneiden,
sich wieder entfernen.

Ob das nächste Mal
genauso sein wird?

Oder ob
jeder Sprenger
seinen
eigenen Rhythmus
hat?

Warten …
zuschauen …

Sorgfältige Pflege der Erde

verschwenderisch
im Garten.

Aber anderswo
raubt
derselbe Mensch
der Erde
millionenfach
mehr
als er ihr hier
gibt.

Hier
baut, pflegt,
bewahrt er den Garten.

Erdweit
zerstört er
ihn …

Gut, daß es
diese Gärten gibt,
die der Mensch
liebend hegt.

Meine Gedanken
umkreisen
den Erdball:

»Wenn doch
der Mensch
mehr solche
Verantwortung
übernähme!«

Wasser in Gärten

Wasser-Fälle,
Springbrunnen,
Seerosen-Teiche,
künstliche Seen …

Zusehen,
wie das Licht
in den
tanzenden
Wassertropfen
sich in alle
Regenbogen-Farben
bricht.

Wasser –
Inbegriff
alles Lebendigen.

Wasser –
Ur-Element.

Spielen

im Wasser, mit Wasser.

Wasser –
Spielplatz, Spielzeug …

Wasser
spielt mit dem Körper,
schmiegt sich an,
streichelt ihn,
bespritzt ihn …
Sonne spielt mit Schatten,
Wind mit Blättern …

Kinder spielen,
Erwachsene spielen:
Wort-Spiele,
Sport-Spiele,
Liebes-Spiele …

Spiele – Spielereien
nutzlose, zweckfreie …
nur weil
Spielen Spaß macht.
Und Zuschauen …

Dionysos

immer mit
Weinranken
geschmückt
oder inmitten
von Weintrauben
zu sehen,

weil er
den Wein,
den Rausch,
alles
rauschhafte Leben
liebt.

Dionysos,
zu finden bei
fröhlichen Festen,

allen Sinnenfreuden
zugetan,
allem Asketischen feind,

ausgelassen
vor Freude
und Jubel …

Dionysos

Aber auch andere
ekstatische Erlebnisse
liebend:
mystisches
Entrücktsein,
heilige
Gottesverzückung …
der Erdenschwere
enthoben,
in Höhen und Tiefen.
Hingabe jeglicher Art.

Dionysos in uns,
berauschender
Freudenbringer,

aber immer in Gefahr,
maßlos zu werden,
grenzenlos,
weitab von der Realität,
süchtig …

Hell und dunkel
zugleich.

Pan

Irgendwo
versteckt
in oder unter
einem Baum,

die Pan-Flöte
blasend,
sehnsüchtig
und
Sehnsucht
weckend.

Pan

Eigentlich
Hüter der Herden,
aber meist
anderes im Kopf:

einer Nymphe
den Kopf verdrehen,
sie überraschen,
erschrecken,
ihr nachstellen,
sie erhaschen,
verführen …

und
vor Freude
tanzen,
wenn ihm
das gelingt.

Bild der
triebhaften,
animalischen
Seite in uns,
der phallischen,
männlichen

und
auch des
Schelms in uns.

Irgendwie
imponierst du,
irgendwie
mag dich jeder,

irgendwie
erschreckst du
auch jeden
panisch,

weil,
gerade wenn
du so schön
dein Spiel
in uns treibst,

aus deinem
Ziegen-Fuß
leicht ein
Pferde-Fuß
werden kann.

Herbstliches Laub

Blätter
verfärben sich.
Aus Grün
wird Blutrot.

Was
im Lenz blühte,
wird reif,
neigt sich zu Ernte
und Ende.

Auch mein Leben
wandelt sich,
möchte herbstlich
neue Farben haben,
Früchte tragen

und dann
irgendwann einmal
so leise, so schwerelos
wie ein Blatt,
vom Herbstwind
getragen,
zu Boden fallen.

Diana

Jägerin,
Nacht und Tag
durch Berg und Tal
unterwegs
aus Jagd-Lust.

Diana in uns:
als Kinder
Schmetterlinge fangen,
Fang-Spiele,
sich jagen, sich greifen.

Später Jagd nach
Geld und Gut,
Ansehen und Ruhm,
Werke schaffen,
Erfindungen machen,
Erkenntnisse gewinnen.

Diana.
Nachjagen, Erjagen,
Beute heimbringen.

Aber manchmal
auch gejagt werden …

Großzügige Weite

Schon beim
Eintreten
in den Garten
tut sie
dem Herzen
wohl.

Und
nach jedem
kleinen Seitenweg
in verschwiegene,
schattige
Intimität
und heimliche
Geborgenheit

wieder
heraustreten
in's Weite,

aufatmen,

einen Ausblick
genießen …

~ Weite

Weitblick,
Überblick.

Meist
fehlt uns das,
weil
der Alltag
uns die Sicht
verstellt.

Weite
erleben …
Weite
einatmen …

Immer
zieht es mich
in die Weite.

Denn wo
das Leben
wie von Mauern
umgeben ist,

wo alles
eng denkt,
eng handelt,

es immer
enger wird …

da ist
kein Raum mehr
für die Flügel
meiner Seele.

Sie
verkümmert.

Mein Alltag
ist hungrig
nach Luft,
nach Weite.

Und
wenn ich
den Garten
verlasse,
möchte ich
etwas
mitnehmen
von Weite
und Luft.

Gold

Nur auf
einer Stelle leuchtet
das Gold

mitten
im Wasser,
rund herum
tief schwarz …

Wie so oft:
Es ist nur ein Teil,
nur ein
beschränkter
Zeitabschnitt,

der
»vergoldet« glänzt
in einem
dunklen Leben.

Aber für den
lohnt es sich,

hat es sich
gelohnt …

Gold der Abendsonne

warm auf dem
sonst kalt weißen
Marmor-Körper.

Tiefstehende
Sonne,
die lange Schatten wirft,
Formen
plastischer
werden läßt.

Alles ist
in goldenes Licht
getaucht.

»… nie kann
ohne Wonne
deinen Glanz
ich seh'n«

und in
deinem Glanz
die
abendliche Welt …

Abendlicher Gang

durch einen
Garten aus
römischer Zeit.

Schlanke Säulen,
edle Kapitelle
eines Theaters
im Sommersitz
des Kaisers.

Ich spüre:

Hier haben
unsere
alten Gärten
ihre Ahnen.

~ Antike

Tief wurzeln
die alten Gärten
im Geist
der römischen und
der griechischen
Antike.

Sie nehmen
die Elemente
ihrer
Gestaltung
wieder auf.

Sie schöpfen
aus ihrem Reichtum:

~ Gestalten aus der antiken Mythologie

Überall in den Parks
begegnen wir ihnen.

Meist
wissen wir zwar
in den alten Mythen
nicht mehr
sehr gut Bescheid,

aber das Wenige,
was wir
von ihnen wissen,
genügt,

in ihnen
unsre
uralten »Verwandten«
zu begrüßen.

~ Ur-Typen

»Arche-Typen«
des Mensch-Seins
aller Zeiten:
Apoll, Amor,
Venus, Diana,
Dionysos, Pan
und andere,

mit denen wir
so viel
Ähnlichkeit
haben,

daß es sich lohnt,
bei ihnen
zu verweilen

und stille
Zwiesprache
zu halten
mit ihnen.

Abenddunkel

Zeit,
ehe die Nacht
kommt,
sich zu eilen.

Zeit,
auch
in die Dunkelheit
hinein zu eilen,

in Heimlichkeiten,
süße,
gefährliche,
verbotene …

Zeit,
rasch zu entfliehen,
rasch
sich zu befreien …

Zeit auch,
vor der Nacht
heimzueilen
in ein
warmes Nest.

Abendstille

Zeit
des Still-Werdens,
des wachsamen
Lauschens,
auf alles Leise
und des Ahnens
von Geheimnissen …

Zeit
des Nachspürens,
was der Tag mir
geschenkt hat,
an Begegnungen …
an Gedanken über
die Welt, mein Leben …

Zeit,
den alten Garten
zu verlassen – ehe er
mit »Einbruch
der Dunkelheit«
geschlossen wird –
ehe es Zeit wird
für die große
Ruhe der Nacht …

Bildnachweis

Seite		
5	Blick von Terrasse	Ventimiglia/Italien. Giardini Hanbury
6	Blütenbaum	
7	Apoll mit Lyra	Schwetzingen. Schloßgarten
8	Villa mit Blumenbeet	Camigliano/Toscana. Villa Torrigiani
9	Frauenskulptur mit Rose	Darmstadt. Mathildenhöhe. Platanenhain
10	Bank in Holzpavillon	Veitshöchheim. Schloßgarten
12	Amor mit Flügeln	St. Jean-Cap-Ferrat/Frankreich. Villa Ephrussi de Rothschild Florentinischer Garten
13	Steinzeug mit Ranken	wie Bild 12. Spanischer Garten
14	Schwäne in Schloßteich	Mespelbrunn/Spessart. Schloß
15	Andromeda	Ventimiglia. Giardini Hanbury
16	Palm-Blätter	Caserta/bei Neapel. Reggia. Englischer Garten
17	Männliche Skulptur	Beaulieu-sur-Mer. Villa Kerylos
18	Putte	Schwetzingen. Schloßgarten
19	Blatt-Ranken	
20	Venus	Menton/Frankreich. Museums-Garten
21	Teich	Settignano/bei Florenz. Villa Gamberaia
22	Bank mit Rasensprengern	Schwetzingen. Schloßgarten
24	Wasser-Fontäne	Tivoli/bei Rom. Villa d'Este
25	3 Frauen, zum Bade gehend	Caserta. Reggia
26	Weintrauben	
27	Bacchus/Dionysos	Versailles. Schloßgarten. Herbst-Brunnen
28	Pan mit Panflöte	Schwetzingen. Schloßgarten
30	Weinlaub	
31	Diana	Schwetzingen. Schloßgarten
32	Ausblick	Schwetzingen. Schloßgarten
34	Schwan im goldenen Wasser	Mespelbrunn/Spessart. Schloß
35	Skulptur in Liebestempel	St. Jean-Cap-Ferrat. Villa Ephrussi de Rothschild
36	Meeres-Theater	Tivoli. Hadrians-Villa
38	Goldene Füße	Dresden. Bürgergarten. Grazie des Mozart-Denkmals
39	Abenddämmerung	Schwetzingen. Schloßgarten